JN084893

イラストで学ぶ
認知症の人の
生活
LIFE SUPPORT
支援

監修 公益財団法人 日本訪問看護財団

手の上にせっけんの泡を
ワンプッシュ！

手を洗おうと思って洗面所に行っても，手の洗い方がわからないことがあるかもしれません．

泡をのせると

そのようなときは，介護者が本人の手にポンプ式の石鹸をワンプッシュ載せ，その後，水道の水を出すなどしてみましょう．

たとえば，水の流れをみたり聞いたりすることがきっかけとなり，手洗いの一連の動作が自然にできることがあります．

ジャー

本人に声かけをするときは，短く，わかりやすい言葉で伝えるようにしましょう．

あとは一人で洗えます

株式会社 ワールドプランニング

刊行に寄せて

2019 年 6 月 18 日に，政府は「認知症施策推進大綱」を公表しました．
2015 年 1 月に公表した「新オレンジプラン（認知症施策推進総合戦略）」
を踏まえ，「予防」の考え方が新たに加えられています．

認知症の発症を遅らせて，認知症になっても希望をもって日常生活を過ご
すことができる社会を目指し，認知症の人や家族の視点を重視しながら「共
生」と「予防」を車の両輪として施策を推進することを基本としています．
ただし，「予防」とは，「認知症にならない」という意味ではなく，「認知
症になるのを遅らせる，認知症になっても進行を穏やかにする」という意
味です．

認知症はだれでもなりうるものであり，ほとんどの高齢者が不安に思って
います．軽度認知障害（MCI）の段階から，いちばんつらい思いをしてい
るのは本人でしょう．個人差もありますが，高齢者の 7 人に 1 人は認知症，
75 歳以上では 2 人に 1 人は認知症といわれています（日本医療研究開発
機構，2018 年）．

そこで，半年でも 1 年でも，認知症の発症や認知症が重度化することを
遅らせ，その人らしく，人としての尊厳を保って生活が継続できること，
共に住み慣れた地域で暮らしていけることが大切です．本人の生きる力を
見つけて，生かすのはケアの力です．

本書籍は，2014 年度の厚生労働省老人保健事業推進費補助金 老人保健健
康増進等事業「在宅認知症者のステージごとの生活障害と行動・心理症状
に応じたグッドプラクティスを普及するためのイラスト教材開発事業」の
成果をもとに，わかりやすいイラストで，生活行為の手助けをする方法な
どを示しています．

認知症のケアに携わる方々には多くのヒントとなるでしょう．

本書籍の刊行に当たっては，千葉大学大学院教授の諏訪さゆり氏，同大学助教の湯本晶代氏のご協力を得ました．最終的な編集作業は，当財団研究員の山辺智子が担いました．皆さまのご支援・ご協力に感謝申し上げます．

本書籍が認知症の人や認知症ケアの従事者の日々の安寧の一助となることを心より願っております．

2020 年 3 月

公益財団法人日本訪問看護財団
常務理事　佐　藤　美穂子

4

日常生活行為を支えるということ

私たちは自分1人で何でもやっている・できているように思っているかもしれません．しかし，忘れていたことやわからないことをまわりの人から教えてもらったり，できないことを代わりにしてもらったり，助けてもらったりしています．何事も支え合い，助け合いです．

認知症の人のことになると，なにもできない人，なにもわからない人と思いがちですが，決してそのようなことはありません．認知症になることで苦手になることは増えるかもしれませんが，だれでも苦手なことはあります．認知症の人はなにもできない人，なにもわからない人ではないのです．しかし，支えることはとても大切です．

認知症になることによって認知機能障害が起こることで，いまがいつで，ここがどこで，まわりにいる人がどのような人なのかがわかりにくくなり，ゆっくりと自分1人ですごすことがむずかしくなることが起こるかもしれません．いま，ここ（自宅等）ですごすことに自信がもてなくなるということは，自分を脅かされるたいへんな事態です．いまの時間や場所を伝えてくれたり，時計やカレンダーを用意してくれたりする人は，認知症の人にとってかけがえのない存在となります．ほかにも，いままでずっと使いこなしてきたものの使い方にとまどい，動作が途中で止まってしまうことがあるかもしれません．そのような状況では，生活を前に進めることができなくなり，認知症の人も介護者（ケアする人）も生活リズムが乱れやすくなります．そうならないように，ものの使い方を言葉やジェスチャー（動作）で伝えてくれる人がいることで，日常生活行為を滞りなく行うことができるようになります．そして，認知症の人は，イライラしたり自信を喪失したりすることもなくなります．

記憶障害や注意障害，時間・場所・人物の見当識障害，失語，失認，失行，実行機能障害といった認知機能障害によって，認知症の人が日常生活行為をスムーズに行えなくなっている状態を生活障害といいます．認知症の人の生活障害を克服するためには，日常生活の中で介護者が認知機能障害を

サポートしたり，認知機能障害があってもわかりやすい環境をつくったりすることが肝心です．そうすることで，普段の日常生活の中で認知症の人ができること，わかることが維持されます．

生活障害の内容は，認知症の人1人ひとり異なります．そのため，ハウツーやマニュアルをつくることはできません．しかし，本書籍で紹介する認知症の人の自律と自立を可能にする生活障害のケアをヒントにすることで，1人ひとりの認知症の人の生活障害を支援する具体的なケアのアイディアが浮かんでくるでしょう．

生活障害のケアで認知症の人の自律と自立を支援する．その中で，当たり前の日常生活をつくってくれている認知機能の存在の大きさに，介護者も気づきます．生活障害は介護者が十分に支援できるものであり，認知症の人が克服できるものなのです．

2020年3月

千葉大学大学院看護学研究科
教授　諏　訪　さゆり

もくじ

本書籍における分類 ✏

本書籍で該当する，軽度・中等度・重度については，認知症の重症度の評価表である Functional Assessment Staging（FAST*）を参考にしています．なお，本書籍における「生活障害」とは，認知症による認知機能低下によって，日常生活における生活行為が困難になった状態を指します．

分　類	FAST 段階	認知症の人の特徴
軽　度	Stage 3 軽度の認知機能低下	・重要なことを忘れがちになる ・新しい場所に旅行に行くことがむずかしくなる
中等度	Stage 4 中等度の認知機能低下	・食事に客を招く段取りをつけたり，家計の管理，買い物にも支障がでたりする
重　度	Stage 5 やや高度の認知機能低下	・介助なしでは適切な洋服を選んで着ることができない ・毎日の入浴を忘れることがある
	Stage 6 高度の認知機能低下	・着衣や入浴，排泄に介助が必要になる
	Stage 7 非常に高度の認知機能低下	・会話が困難になる ・歩行や座っていることができなくなる ・表情がなくなってくる

【出典】
*大塚俊男，本間　昭監：高齢者のための知的機能検査の手引き．60-61，ワールドプランニング（2004）から引用，一部改編．

登場人物

認知症の人

<軽度>   <中等度>

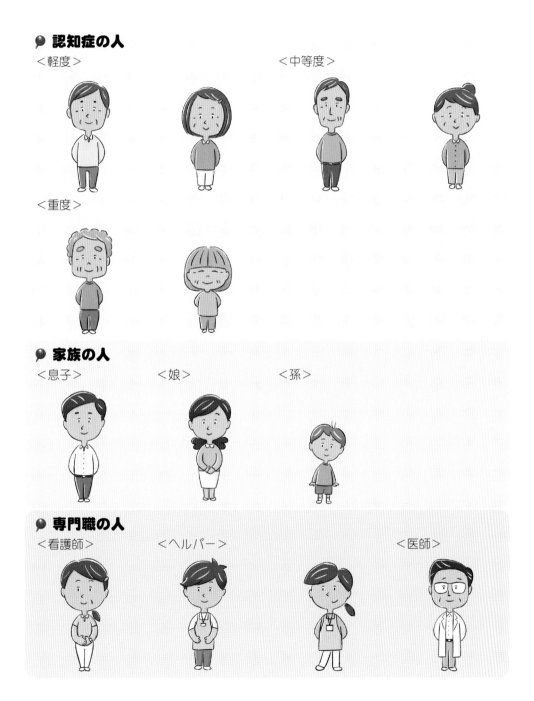

<重度>

家族の人

<息子>   <娘>   <孫>

専門職の人

<看護師>   <ヘルパー>   <医師>

生活障害と効果的なケアの

具体例

1. 目的の場所に行く①

軽度

目的の場所に行くことがむずかしい
例）夜間，トイレの場所がわからない／1人でトイレに行くことがむずかしい

場所，人物などの状況を正しく認識する能力が低下すると（見当識障害といいます），いまが何時か，どこにいるのかなどを認識することがむずかしくなります.

たとえば，トイレに行きたくても，自分がどこにいるのか，どこに行けばよいのかがわからなくなると，だれでも不安になります.

目的の場所，具体例を挙げると，トイレと寝室が離れているときは，順路を示す矢印を壁に貼ったり，蛍光色のテープを床に貼ったりすると，夜間でも矢印やテープに沿って1人でトイレに行けるかもしれません.

2．目的の場所に行く②

中等度

目的の場所に行くことがむずかしい
例) 夜間，トイレの場所がわから
　ない/1人でトイレに行くこ
　とがむずかしい

目的の場所がわかりやすいようにド
アに目印をつけるとよいでしょう．
また，「トイレ」「便所」「ごふじょう」
など，本人がトイレであると認識で
きる言葉を表示することで，場所を
理解しやすくなります．

仮に表示の文字が読めなくても，そ
の目印を目指して1人で目的の場
所に行けることがあります．また，
ドアや周囲の壁と違う色で目印を表
示するだけでも効果があります．

3．目的の場所に行く③

目的の場所に行くことがむずかしい
例）夜間，トイレの場所がわから
ない／1人でトイレに行くこ
とがむずかしい

夜間は暗いため視覚からの情報を得にくくなり，昼間よりも周囲の状況を認識することがむずかしくなります．そのため，いまいる場所や，これから向かおうとする場所がわかりにくくなり，不安や恐怖心を抱えることがあります．

トイレの周囲の照明をつけておいたり，近くに行って中をのぞき，便器がみえたりすると安心につながることから，トイレのドアを開けっ放しにしておくのもよいでしょう．

われわれも，夜間は周囲がよくみえず不安になることがありますが，認知症の人はより強く不安を感じるため，とくに夜間は安心して行動できるような工夫をしましょう．

4．排便①

いつ排便があったかがわからず不安になる

記憶障害によっていつ排便したかがわからなくなり，本人が不安になることがあります．このようなときは，排便があったときにカレンダーに印をつけてもらうと，本人の安心につながります．

高齢になると，筋力低下によるいきみにくさから便秘になることがあります．また，便が残っていると違和感があるため，落ち着きがなくなることがあります．便秘にならないよう，規則正しい生活，適度な水分や油分・食事をとることと運動を心がけるようにしましょう．

5．排便②

排便後に，水を流すことがむずか
しい

なにかしたいことがあっても，それ
まで当たり前にできていたことのやり
方がわからなくなることを失行と
いいます．

トイレでの排泄後，どのように水を
流せばよいかわからず，不安を感じ
ているかもしれません．このような
ときは，「終わったらこのボタンを
押してください」と伝えてみましょ
う．レバーや洗浄ボタンの位置，操
作方法を言葉で伝えることで，本人
が次の動作を行いやすくなります．

複数の動作を一度に伝えるのではな
く，短く伝えることが大事です．ま
た，そのつど違う言葉で伝えると混
乱してしまうかもしれません．同
じ言葉を使って伝えるようにしま
しょう．

6. 排便③

重度

便意を感じたときにトイレに移動することがむずかしい

排泄は羞恥心を伴うデリケートなことであるため，本人の自尊心が保たれるかかわりが重要になります．

認知症の人は，便意を感じたときにトイレに移動する行動がとれなかったり，便意を便意ととらえることがむずかしくなったりすることがあります．

本人が便意を訴えることがむずかしいときは，しぐさや表情などを読み取りトイレに誘ってみましょう．おならがよく出る，そわそわしたようすやお腹をさするような行動，「痛い」「きつい」という言葉で便意のサインが表現されることもあります．日ごろのようすをよく観察してみましょう．

また，立つ位置に目立つ色のテープなどを貼ったり，手すりの握る部分を示したりして，便器の適切な位置に座れるようにしましょう．

7. 排便④

適切な長さのトイレットペーパーを準備することがむずかしい

一度に使用するトイレットペーパーの量を判断することがむずかしくなると，適切な長さに切って使用することができないかもしれません．また，トイレットペーパーが足りるのか不安になり大量のトイレットペーパーを使用した結果，トイレがつまってしまうこともあります．

そのようなときは，あらかじめ1回分のトイレットペーパーを切っておき，箱に入れてみえるところに置いておくとよいでしょう．また，昔ながらの『ちり紙』を準備して置いておくのもよいかもしれません．

8. 排便⑤

使用ずみのトイレットペーパーを
便器内に捨てることがむずかしい

これまで当たり前にできていたこと
のやり方がわからなくなること（失
行といいます）により，使用したト
イレットペーパーを便器内に捨てて
流すという一連の流れがわからなく
なることがあります．どうしたらよ
いか考えた結果，トイレットペー
パーをトイレの床に捨てたり，ズボ
ンのポケットに入れて部屋に持ち
帰ったりするかもしれません．

そのようなときは，トイレ内にゴミ
箱を用意してその中に捨てられるよ
うにすると，使用ずみのトイレット
ペーパーを捨てる場所がわかりやす
くなるでしょう．

9. 排尿①

排泄物がついた下着を着替えない

さまざまな動作がゆっくりになり，トイレに間に合わなかったり，認知機能の低下により，トイレの場所や排尿の仕方がわからなくなったり，失禁をしてしまうことがあります．

排泄の失敗を人に気づかれたり，指摘されたりするのは恥ずかしいものです．本人も，口には出さないかもしれませんが，排泄を失敗したことで落ち込んだり，悲しんだりしていることがあります．

汚れたままでは不快ですが，羞恥心から言い出せない状況にあるかもしれません．

そのようなときは，さり気なく入浴を勧め，そのタイミングで自然に着替えてもらうとよいでしょう．

21

10. 排尿②

失禁後，スムーズに対処できない

介助者が尿失禁を指摘することで，本人は恥ずかしさを感じるかもしれません．失禁についてふれることなく，トイレのみえるところに新しい尿とりパッドやゴミ箱を置いてみましょう．そうすることで，失禁後に自分で尿とりパッドを交換しやすくなります．

おむつや尿とりパッドの使用には抵抗を感じるものです．「おむつを使わずにすごしたい」という気持ちを大事にして，本人の自尊心を傷つけないかかわりを心がけましょう．

11. 排尿③

中等度

トイレに間に合わない

トイレに間に合わなくて汚れた下着がタンスに仕舞ってあるのを見つけたことがある人もいるでしょう. 自分で片づけようとしたものの, どうしたらよいかわからなかったのかもしれません.

部屋の中をウロウロしたり, キョロキョロと室内を見回したりと落ち着かないようすがみられたら, トイレに行きたいサインかもしれません.

日ごろの行動を観察し, 尿意のサインがみられたら, さり気なくトイレに誘導するとよいでしょう.

12. 排尿④

使い慣れないトイレでは戸惑ってしまう

トイレに行ったときに，排泄に関する一連の流れ（下着を下ろす，便座に腰かける，排泄する，トイレットペーパーをとって拭き取る，下着を身に着ける，水を流す）がわからなくなることがあります．

とくに，デパートや施設など，使い慣れないトイレを使用するときは，トイレ内の環境が普段と違うため（トイレの広さ，トイレットペーパーの配置，用がすんだあとに押すボタン等），戸惑ってしまうかもしれません．

そのようなときは，介護者が座る場所や水を流すボタンの場所等を伝えるとよいでしょう．

外出先で排泄に失敗するなど嫌な思いをすると，その後，外出の拒否にもつながることがあるため，とくに慣れない場所ではスムーズに排泄できるよう，配慮しましょう．

13. 排尿⑤

重度

周囲のものが気になり，排尿に集中することがむずかしい

注意障害＊により，花や置物，雑誌などがトイレにあるとそれが気になり，排泄に集中できないことがあります．そのようなときは，トイレの中の視界に入る場所にものを置かないようにするなど，環境を整えると排泄に集中しやすくなるでしょう．

＊周囲のものや人の刺激に注意が向いてしまい，肝心な1つのことに集中することがむずかしくなったり，複数のものや人に同時に注意を向けることがむずかしくなったりすることを，注意障害といいます．

14. 排尿⑥

認知症の人が便器に座っても，そこ
が排尿してよい場所だと認識できな
い，排尿方法がわからないなどの理
由で，排尿のために腹圧をかけられ
ないことがあります．

そのようなときは，本人の握り拳を
お腹に当て，その上に介護者の手を
当て，優しくゆっくりと圧迫してみ
るとよいかもしれません．

また，身体を少し前に屈めた姿勢を
保つなど，声をかけながら腹圧をか
けやすい姿勢をとる工夫をしてみま
しょう．

どのようにすれば腹圧がかかりやす
くなるか，介護者自身の身体で確か
めてみることをお勧めします．

水が流れる音を聞くと，尿意がもよ
おされて排尿しやすくなることがあ
ります．

さり気なく排尿のケアをするには

　尿意のサインは，人によってさまざまです．たとえば，ポケットに手をつっこむ，ぶつぶつとつぶやく，ドアを開けようとする，部屋や廊下の隅に行く，しかめっ面になるなどがあります．尿意を感じたとき，どのような行動をとるのか，表情をするのか，日ごろから意識してみておくとよいでしょう．

　排泄に対して羞恥心をもつ人もいるので，「トイレ」など具体的な言葉は使わなくても，1人でトイレに行けるようさり気なくサポートすることが大切です．トイレの近くを歩いているなど，トイレに注意を向けやすいときに「先にすませますか?」などと声をかけるのもよいでしょう．

15. 手洗い①

手を洗うときに水を適温に調整して出すことがむずかしい

手を洗うとき，それまで当たり前のようにできていた「水を出す」行為でも，どうしたらよいか，わからないことがあるかもしれません．

そのようなときは，介護者が言葉で伝えるほか，ジェスチャーで水の出し方を伝えるとよいでしょう．

できる限り本人がわかる言葉を使って説明しましょう．また，蛇口部分に「冷たい」「温かい」など，水温を調整する方法をわかりやすく表示するとよいでしょう．

16. 手洗い②

中等度

手の洗い方がわからない

手を洗おうと思って洗面所に行っても，手の洗い方がわからないことがあるかもしれません．

そのようなときは，介護者が本人の手にポンプ式の石鹸をワンプッシュ載せ，その後，水道の水を出すなどしてみましょう．

たとえば，水の流れをみたり聞いたりすることがきっかけとなり，手洗いの一連の動作が自然にできることがあります．

本人に声かけをするときは，短く，わかりやすい言葉で伝えるようにしましょう．

17. 手洗い③

液体石鹸を石鹸だと認識すること
がむずかしい

以前は，石鹸といえば四角い固形石
鹸でした．いまは液体石鹸が多く，
しかも液体石鹸のケースにはさまざ
まな形態があるため，液体石鹸を石
鹸だと認識することがむずかしいこ
とがあります．

そのようなときは，介護者が隣に
立って液体石鹸を手にとって泡立
て，手を洗うようすを本人にみても
らうことで，それが石鹸だとわかる
かもしれません．

また，固形石鹸であれば石鹸だと認
識できるときは，固形石鹸を準備し，
ネットに入れて蛇口の近くに下げて
おくのもよいでしょう．

18. 手洗い④

蛇口から出る水で手を洗い流すことがむずかしい

蛇口から出る水（お湯）に驚く，水の音や水圧に恐怖を感じる，などの理由で，なかなか水道の下に手を出せず，洗い流せないときがあります．

そのようなときは，手で水（お湯）にふれてもらい，温度や勢いを確認してから手を洗いましょう．

それでも怖がるときは，洗面器や洗面台のボウルに水をためてその中で手を洗うようにすると，恐怖心を抱くことなく，手を洗えることがあります．

19. 歯磨き①

歯磨きを終えることがむずかしい

実行機能障害があるために，次はどうしたらよいかわかりにくかったり，時間の見当識障害によっていつ歯磨きを終えるのか見当をつけにくかったりすることから，なかなか歯磨きを終えられないかもしれません．

そのようなときは，水を口の中に含んでゆすぐことを言葉で伝えるとよいでしょう．

言葉での理解が苦手な人もいるため，擬音やジェスチャーで伝えることも取り入れましょう．

また，一度に説明すると混乱することがあるため，1つひとつ次の動作をゆっくりと伝えることが大切です．

20. 歯磨き②

歯ブラシが歯を磨く道具だと認識で
きず，手に取ろうとしない，また，
うまく使えないことがあります．そ
して，歯磨きの方法がわからなくな
ることもあります．

そのようなときは，口のまわりの緊
張をほぐすことから始めるとよいで
しょう．肩や顔にふれたり，頬から
口元へ優しくマッサージをしたりす
ると，スムーズに口を開くことがあ
ります．

そして歯を磨くときは，口頭で伝え
るだけではなくジェスチャーで伝え
たり，隣でいっしょに歯磨きの動作
を真似てもらったりするとよいで
しょう．

21. 食事①

食事をしたことを忘れてしまう

いつ，なにを食べたか覚えていない
ため，ご飯を食べたかどうか確認し
たり，何度も食事を要求したりする
ことがあります．そのようなときは，
いっしょに時計をみながら，前回の
食事を食べ終えた時間や次の食事の
時間を説明するとよいでしょう．

また，食事がすんだことを伝えても
納得しなかったり，空腹になるとソ
ワソワして落ち着かなくなったりす
ることもあります．

そのようなときは，お茶やお菓子，
小さなおにぎりなど，次の食事に影
響しない程度の量の間食でお腹を満
たしてもらいましょう．

介護者もいっしょにゆっくりとお茶
を飲んですごすと，より気持ちが和
らぐようです．

満腹感を得るためには，満腹中枢を
働かせることが大切なため，15〜
20分かけて食事をしましょう．

時間や場所がわかる環境づくりとは

　人は時間の手がかりがまったく得られない環境で生活すると，眠る時刻がどんどん後ろにずれるといわれています．眠る時刻が後ろにずれると，体内リズムなども乱れてしまうのだそうです．そのため，視野に入りやすいところに時計を置いたり，時間を知らせてくれる人がいたりする環境はとても重要になります．

　寝床のある部屋に朝日が差し込む環境や，ご飯が炊ける匂いで朝を感じたり，お風呂が沸いたメロディを聞いて夜を感じたりする環境など，五感によって得られた情報から，およその時間帯がわかることも大切です．

22. 食事②

話し続けるため食事が進まない

注意障害があると注意力を維持できず，話に夢中になると，食事をすることを忘れてしまうことがあります．

このように，2つのことを同時にできないときは，介護者が食事の途中であることを伝えたり，「おいしいので食べましょうか」などと食事に注意を向ける声かけをしたりするとよいでしょう．

生命を維持するために栄養をとるという目的だけでなく，楽しく食事をすることで生活を豊かにすることも大切です．

23. 食事③

中等度

食べ物を見つけられない

最近は，日中1人ですごす認知症の人も増えています．食事やおやつを用意して介護者が出かけることもあると思いますが，冷蔵庫内に食べるものを入れておくと，見つけられないかもしれません．

そのようなときは，本人からよくみえる場所に食べるものを置くようにするとよいでしょう．

くつろげる部屋にするには

　認知症の人は，自分の部屋にいるにもかかわらず部屋でくつろぐことができず，そこから出て行こうとすることがあります．本人は，時間や場所などの見当をつけることがむずかしくなり，「もしかしたら，だれかとこの時間に待ち合わせをしていたかもしれない．私はここにいても大丈夫だろうか」と考え，気持ちがソワソワして部屋から出て行こうとしているのかもしれません．

　いま，ここにいても大丈夫だということがわかるように言葉で伝えたり，使い慣れたものや写真，カレンダーなどを視野に入りやすい場所に掲げたりするとよいでしょう．

24. 食事④

目の前にある食事を食べ始めない・
口を開けようとしない

視覚的に食べ物の情報をキャッチできても，それが食べ物だとわからなければ，お腹がすいていても食べ始められません.

そのようなときは，1品ずつメニューを説明したり，最初の一口を介助したりすることで，それが食べ物だとわかるように工夫するとよいでしょう.

また，食事のにおいを感じられるようにしたり，本人の好きなものを食卓に並べたりすることも効果的でしょう.

食べ物がおいしくない（食べたくない），噛めない，入れ歯が合わない，口内炎で痛みがあるなどが原因で，本人が口を開けることを拒否することもあるので，本人にたずねたり，口の中の状態を確認したりすることも大切です.

25. 食事⑤

食べ物を咀嚼し続ける

口の中に食べ物が入っていても，ものを食べていることがわからず，食べ物を飲み込まずに噛み続けることがあるかもしれません．

そのようなときは，十分に咀嚼したタイミングに合わせて一口分の食べ物をみてもらい，口の中のものを飲み込むきっかけをつくるとよいでしょう．

食べたくても飲み込む機能が落ちていたり，味覚の変化によって飲み込みたくないと感じていたりすることもあるため，なぜ飲み込めないのかを観察してみましょう．

自分のペースで食事をするためには

　認知症の人は食べるスピードが乱れやすく，自分のペースを保ち，しかもむせずに味わって食べることがむずかくなります．そのため，食べることに集中できる環境づくりが大事です．食事に集中できるように，食べている場所で人が忙しく動き回ったり，電話や玄関の呼び鈴などが響いたりしないようにしてみましょう．

　また，食事介助をするときは，いっしょに座って介助をすると，喉もとがよくみえるので飲み込むタイミングがわかりやすくなります．飲み込んだあとのタイミングで「おいしいですか」「これは○○ですね」などと短く，わかりやすい言葉をかけることで，認知症の人が自分の食べるペースを保つことができるようになります．

26. 食事⑥

周囲の音に気が散ってしまい，食事の動作が途中で止まる

注意障害があると，一度に複数のことに注意を向けることがむずかしいため，物音や周囲の人の動きなどに注意が逸れてしまい，食事を途中でやめてしまうことがあります．食事に集中できるよう環境を整えることが大切です．

また，音や人の動きだけでなく，テーブルの高さが合わなかったり，食器に手が伸ばしづらい，車椅子にもたれたままの姿勢であったりするなど，食べにくい環境も食事に集中できない一因となります．食事に集中できる環境が整っているか，見直してみましょう．

27. 食事⑦

重度

皿の模様が気になり，食べ物を食べることができない

模様のついた皿に食事を盛りつけると，皿の模様を食べ物と間違えて，箸やフォークなどでつかもうとすることがあります．

また，皿の模様が虫や異物にみえて不安を抱き，食事をしなくなることがあるかもしれません．

そのようなときは，絵柄のない無地の器に変えてみましょう．

また，食事と器の色が同系色（たとえば，白い茶碗に白い米飯を盛りつける）のときは食べ物を認識しづらくなります．食べ物であることが認識しやすくなるよう，器の色にも配慮するとよいでしょう．

28. 食事⑧

スプーンの操作を継続できず手づかみや器に口をつけて食べようとする

失行により，それまでできていたスプーンや箸の使い方がわからなかったり，巧緻性の低下により手先の細かい動作がうまくできなかったりするかもしれません．

そのようなときは，おにぎりやサンドイッチなど，手に持って食べられるように食事の形態を工夫するとよいでしょう．手で扱いやすい形にすることで，自分で食べられることがあります．

手でつまめるような形にしておくことは，一度に出される食事の量が多いことで食欲が落ちてしまう人にも効果的です．

29. 食事⑨

重度

食事の際に箸やスプーンなどを持とうとしない

食事の時間であると認識できなかったり，箸やスプーンを食べ物を食べるための道具であると認識できなかったりすると，自分から箸やスプーンを使おうとしなくなります．空腹を感じていない場合も，自分から食べようとはしません．

そのようなときは，箸やスプーンを手渡したり，使い方を言葉やジェスチャーで伝えるとよいでしょう．

このほかにも，食事の時間であることを認識できないときは「おしぼりを渡す」など，食事につながる行為をしてもらうことがきっかけとなり，食事に関心が向くかもしれません．

30. 食事⑩

食べ物を適切な一口量にして口の
中に入れることができない

食べ物を一度に口につめ込んでしま
うと，むせ込みや窒息の原因となり
ます．適量を口に運べないときは，
適切な量をすくえるようにスプーン
や器の大きさを調整したり，食べや
すいように一口サイズに切ってから
配膳したりするとよいでしょう．

また，食事をする環境が慌ただしい
と，認知症の人は焦ってしまい，か
き込んで食べてしまうかもしれませ
ん．周囲の人も座るなどして，ゆっ
くり落ち着いた環境で食事ができる
ようにしましょう．

31. 飲み物を飲む①

飲み物の温度を認識できない

突然熱い飲み物を口に入れると，やけどをしてしまうことがあります．

また，一度そのような経験をすると恐怖心や嫌な思いが残ってしまい，飲むことに抵抗を感じるようになるかもしれません．安心して飲むことができるよう，配慮しましょう．

飲み物は，おいしく飲めるように適温で準備します．そして，飲む前に熱いか冷たいかわかるように言葉で伝えたり，コップを両手で包むように持ってもらったりして，温度を直接肌で感じてもらうとよいでしょう．温度を感じることが安心感と飲む意欲につながります．

32. 飲み物を飲む②

重度

飲み物を飲み込まずに口にためてしまう

飲み物を口にためてしまうときは，口の中に入っている液体を飲み物であると認識できていなかったり，飲み込む力が低下していたりするのかもしれません．そのようなときは，喉や口角を軽く刺激するとよいでしょう．

とくに重度の人は自分の意思を表現することがむずかしいこともあるため，なぜ飲み込まないのか，飲み込めないのか，を観察してみましょう．

33. 飲み物を飲む③

コップの持ち方がわからなくなり，思わずコップをひっくり返してしまうことがあります．そのようなときは，取っ手のついたコップに替えるとよいでしょう．

また，持ち方がわかるように，言葉で説明したり，ジェスチャーで繰り返し伝えたりすることも必要となります．

加えて，加齢とともに喉の渇きを感じにくくなります．脱水を防ぐために，夏だけでなく冬もこまめに水分をとるようにしましょう．

34. 飲み物を飲む④

底の深いコップの場合，コップの中に飲み物が入っていることがわかりにくく，飲み物を飲もうとしないかもしれません．

浅くて口が広いコップを使うと，コップの中に飲み物が入っていることが一目でわかりやすくなります．そのとき，本人が持ちやすいかどうかも気にかけてみてください．

また，症状の変化に伴って体も硬くなり，飲み物を飲むときに首を反らしづらくなることがあります．

そのようなときは，浅めのコップにしたり，少しずつ回数を分けて飲んだりしてみるとよいでしょう．

35. 着衣①

軽度

気候に応じて衣服を調節できない

加齢に伴い，体温調整の機能や寒暖の判断があいまいになります. また，時間や季節の感覚が薄れると，季節に応じた衣服の選択がむずかしくなるかもしれません. 室温や本人の動きを考慮して，適切な衣服を選んだり，脱ぎ着の調整ができたりするよう，介護者から季節や気温・湿度の話題を交えながら，お勧めの服装を伝えましょう.

季節を感じられるような声かけをしたり，外出して目や肌で季節を感じることができる機会をつくったり，四季に応じたものを生活の場に取り入れることも大切です.

季節の見当識障害があるときには

　季節にふさわしい衣服を選ぶためにも，季節がわかることは大切です．会話の中に季節の話題を入れたり，四季に応じた植物や風物詩を生活の場にしつらえたり，外に出かけたりして，季節を目や肌で感じることも大事です．
　旬の食材を使った料理をいっしょに食べることで季節を楽しむのもよいですね．

36. 着衣②

軽度

衣服の前後がわからない

衣服を脱ぎ着するには，それぞれの衣服の形に応じた着方，脱ぎ方とその順番がわかることが必要です．

前後や左右の区別を認識することが苦手になると，衣服をみても，どちらが前側なのか判断することがむずかしくなるかもしれません．

衣服の前後がわからないときは,「タグがついているほうが後ろです」など具体的に伝えるとよいでしょう．

また，前側と後ろ側がはっきりしているデザインの衣服を選ぶのもよいでしょう．

37. 着衣③

衣服を着る順番がわからない

着替える際に衣服を順番に着る（下着から順に着ていく）ことがむずかしくなることがあります．

そのようなときは，洋服の着方を提案してみましょう．介護者がモデルとなって衣服を順番どおりに着ている姿をみてもらい，本人に真似してもらうこともよいでしょう．このように，真似してもらうことで自分から身だしなみを整えられる人もいます．

できることを続けることが，能力の維持につながるため，本人ができることをサポートするかかわりを心がけてみましょう．

着替えをするときの工夫とは

　みなさんは，着替え終わったときに，認知症の人に衣服の着心地をたずねているでしょうか．そのときの表情やしぐさから，着心地がよくないようだと感じたら，快適な衣服に着替えるためのサポートが必要です．

　また，その衣服を着た姿がステキだと思ったときに，気持ちを素直に伝えているでしょうか．「よく似合っている」と心から伝えることで，認知症の人は自分に自信をもつことができるかもしれません．まわりの人から自分の存在を認められ，大切にされていることを感じることで，介護者との間に信頼関係が育まれます．

38. 着衣④

ズボンを上着のように着る

ズボンをみたときに，それが下半身の下着を身に着けた上に履く筒状の衣服であることをすぐに把握することがむずかしい人もいます．

そのようなときは，自分から身だしなみを整えられるよう，それがなにか，どのように着るものなのかを伝えましょう．「みっともないですよ」など傷つくような声かけをすると，非難されたという不快な感情だけが残ってしまいます．

穏やかな気持ちで日々をすごせるよう，自尊心を傷つけない接し方を工夫してみましょう．

56

39. 着衣⑤

重度

着替えている途中で，着ているのか脱いでいるのかわからなくなる

着替えの途中で注意が逸れたり，自分がなにをしていたのかを忘れてしまったりと，次にどうしたらよいかわからなくなることがあります.

そのようなときは，介護者が「次はここに手を通してください」などと次の動作を優しくわかりやすい言葉で伝えたり，次に着るものを手渡したりするとよいでしょう.

手渡すときには，袖を通しやすいようにシャツを渡したり，前と後ろがわかるようにズボンを渡したりするなど，工夫するとよいでしょう.

40. 着衣⑥

重度

ボタンを掛け違える

着替えや身だしなみを整えるとき，苦手なことは人によって違います．

順序に関する判断力の低下に加え，手先の器用さ，巧みに指先を使う能力（巧緻性）の低下等により，ボタンを掛け違えるときは，大きなボタンにつけ替えるのもよいでしょう．

ボタンを掛け違えるからといって，すべてを手伝ってしまうと，本人ができることを取り上げることになります．自分でできることを続けてもらうことが，能力の維持につながります．

41. 履物（はきもの）を履く①

靴を履くとき，つま先と踵の向き
を間違えてしまう

失行により足を靴に入れられないと
きは，正しく靴を並べておくと履き
やすくなるでしょう．

また，左右を間違えたり踵を入れず
に歩き出したりするときは，口頭で
わかるように声をかけるのもよいで
しょう．

「視空間認知障害＊」があると距離
感やものの奥行きなどを正しく認識
することがむずかしくなるため，段
差を把握したり，転倒しないようも
のを避けたり，転倒したときに手を
ついたりすることがむずかしくなり
ます．

転倒を防ぐためにも，サイズや足の
形が合う靴を履くことが大事です．
また，玄関に椅子を置くのもよいで
しょう．

＊私たちは目でみた情報を脳の中で分析し
て，位置や距離などを把握します．これが
できなくなった状態を視空間認知障害とい
います．

42. 履物（はきもの）を履く②

はだしですよ

ここに座りましょうか

重度

外に出ることに夢中になり，靴を履かないで歩き出してしまう

靴を履かずに外に出てしまうときは，靴を履くことを忘れてしまったり，外に出ることに夢中になったりしているのかもしれません.

そのようなときは，そのつど声をかけ，あらかじめ玄関に準備した椅子に座って靴を履けるようにする，履きやすい場所に靴を準備する，目の前で介護者も靴を履いていっしょに出かけることで「外出＝靴を履く」ということを視覚的に思い出せるように工夫するとよいでしょう.

玄関には敷居や上がりかまちなどの段差があり転倒しやすいため，十分気をつけましょう.

43. 脱衣①

軽度

ボタンやファスナーがついた服の
着脱がむずかしくなる

手先を使った細かい動作がむずか
しくなったり，ボタンの掛け方やファ
スナーの開け閉めの仕方や順序がわ
からなくなったりすることがありま
す.

また，それが理由で，苦手とする衣
服を自然と選ばなくなるかもしれま
せん．ボタンやファスナーがついて
いない，脱ぎ着しやすい衣服を用意
するのもよいでしょう.

また，よく似合っていると思ったら，
そのことを本人に伝えましょう．周
囲から自分が大切にされていると感
じ，自分に自信をもつきっかけにな
るかもしれません.

44. 脱衣②

脱いだ衣服を紛失することが心配
になる

入浴のときに衣服を脱ごうとしない
場合，自分が脱いだ衣服がなくなる
ことを心配しているのかもしれませ
ん．

心配している気持ちを汲んで「なく
なったらたいへんですよね」「それ
は心配ですよね」などと気持ちを理
解していることを言葉で伝えること
が大事です．本人用のかごや袋に脱
いだ衣服をまとめ，「ここに入れて
あるので大丈夫ですよ」などと声を
かけて，安心してもらえるように工
夫しましょう．

また，そのようなときは，「なくな
るわけがない」「だれも盗らない」
などと本人の心配を否定する声かけ
は避けましょう．

45. 脱衣③

着替えるときに，衣服を脱ぐこと
がむずかしい

衣服を脱ごうと思っても，脱ぐため
の動作やその順番がわからなくなる
ことがあります．そのようなときは，
最初の動きがわかれば，その後は自
分でできることがあります．

最初の1枚を脱ぐことがむずか
しいときは，介護者があらかじめ1
枚余計に着ておき，それを脱ぐとこ
ろを本人にみてもらうのもよいで
しょう．最初の1枚の脱ぎ方を真
似することでスムーズに衣服を脱げ
ることがあります．困っているとき
にタイミングよく声をかけるように
しましょう．

46. 入浴①

いつ入浴したのかわからなくなる

見当識障害により，いつお風呂に入ったかわからないときは，カレンダーに印をつけたり「デイサービスでお風呂」などと記入すると，いつ入浴したのか一目でわかるようになるため，本人といっしょに確認ができます．

また，本人のお風呂の習慣を知ったうえで，入浴する曜日，入りやすい時間帯を決めて日課のようにするのもよいかもしれません．

お風呂に入ったあとは，水分をとってもらいながら気持ちよかった，さっぱりしたなど，本人といっしょに入浴の心地よさを分かち合いましょう．

47. 入浴②

入浴を嫌がり，なかなか入浴しない

認知症の人が入浴を嫌がって清潔を保つことがむずかしい場面は多くみられます．なぜ嫌がるのか，その理由を本人に聞いて理解することが重要です．

たとえば，入浴の動作がめんどうであったり，入浴の必要性を感じていなかったりするかもしれません．

デイサービスなどでの運動で汗をかいたこと，孫といっしょに入ることなどが入浴のきっかけになることもあるでしょう．

本人の習慣や思いを大切にし，自分から入ろうと思えるきっかけがつくれるとよいですね．

入浴を強要せず，ときには温かいタオルで体を拭くなど清潔を保ちリラックスできるほかの方法を提案し，介護者が心に余裕をもつことも大切です．

48. 入浴③

入浴の際にどこを洗ったらよいの
かわからない

体を洗うときに，タオルを持ったも
ののタオルの扱い方や体の洗い方・
順序がわからなくなったり，洗い残
しがあったりすることがあります．

そのようなときは，洗っていない部
分を言葉で伝えたり，洗い始めだけ
手伝ったりすると，その後は自分で
洗えることがあります．

また，液体石鹸やシャンプー，リン
スなどの容器が似ていてわかりにく
いこともあるため，容器の色を変え
たり大きな文字で中身を書いたりす
るなど，違いがわかるようにすると
よいでしょう．

66

49. 入浴④

浴室に移動する途中で，どこに向かっているのかわからなくなってしまう

浴室に移動する途中で，どこに行くのかわからなくなり，「お風呂ですよ」と伝えると「そんなことは聞いていない」などと入浴を断ることがよくあります．

浴室に行くという記憶を保てるように，「もうすぐお風呂ですね」「お湯につかると気持ちよいですよね」などと繰り返し声をかけながら移動するとよいでしょう．

そのようにすることで，浴室に着いてからもスムーズに次の動きに移れることがあります．

50. 入浴⑤

入浴する気が起こらない

浴室や浴槽のみえないところで入浴の説明をすると，場所の見当識障害や理解力低下があるために入浴を拒否する人もいます．そのようなときは，浴室や浴槽がみえるところに誘導してから入浴について説明してみましょう．浴槽のお湯に手をつけてもらってもよいでしょう．入浴の気持ちよさを思い出し，入浴するかもしれません．

また，声をかけるタイミングも重要です．本人が落ち着いている時間に，入浴の気持ちよさを思い出すような声かけをすると，入浴したいと思うかもしれません．

リラックスして入浴できるように本人の気持ちを汲みながら勧めてみましょう．

51. 入浴⑥

浴槽の深さがわからず，浴槽につかることが怖い

視空間認知障害によって浴槽の深さがわからなかったり，浮力を受けて浴槽の中で姿勢を保持することがむずかしくなったりするため，入浴が怖くなることがあります．

そのようなときは，手すりにつかまってもらいゆっくり浴槽に足を入れる，浴槽の中に椅子を設置するなど，安心して浴槽につかれるように工夫してみましょう．「ここをつかんでください」と言葉で伝えながら，手すりにつかまれるように本人の手を誘導するのもよいでしょう．

浴槽をまたぐことがむずかしいときは，いったん浴槽のふちやバスボードに腰をかけてから，ゆっくりと浴槽に足をつけるなど安全にお湯につかる方法を工夫してみましょう．

52. 入浴⑦

シャワーのお湯の水圧や音に驚き，恐怖心を抱く人がいます．また，適温のお湯であるとわかっていてもお湯が身体にかかると「びっくりした」と驚く人もいます．

そのようなときは，シャワーのお湯に手でふれてもらい，温度や水圧を確認してから体にかけるようにしましょう．それでも驚くときは，洗面器にお湯を汲み，手で温度を確かめてから，ゆっくりと身体にかけるようにするとよいでしょう．

入浴の時間が本人の楽しみとなるようにしたいですね．

53. 移乗①

車に乗ったときに座る場所がわか
らず不安になる

複数の座席があると，自分が座る場
所を判断することがむずかしく，不
安になるかもしれません．

また，車を運転する習慣があった人
は，自分が運転席以外の席に座るこ
とに不安や違和感を覚えるかもしれ
ません．

声かけやジェスチャーで座る場所を
ピンポイントで伝えると，安心して
座席に座ることができるでしょう．
また，シートベルトを締めるときは，
「シートベルトを締めますね」など
と説明し，同意を得てから行うこと
が大切です．

54. 移乗②

中等度

移動する気にならない

車椅子で移動するときに，目的や移動する場所を具体的に伝えていますか？

移動するときは，目的や場所を具体的に伝え，同意を得ましょう.

そうすることで，安心してスムーズに移動することができるようになります.

55. 移乗③

椅子に深く腰掛けることがむずか
しい

認知症の人は,「立つ」「座る」とい
う言葉や,「椅子」「ソファ」という
名称がなにを意味するのかわからな
いかもしれません.

また,空間における位置を把握しづ
らい場合,椅子に浅く座ることがあ
るかもしれません.

言葉で伝えても理解してもらうこと
がむずかしいときは,座面に介護者
の手を置いて「ここに座ります」と
深く座るための位置を伝えたり,ど
のように座るのかをジェスチャーで
伝えたりしてみましょう.

56. 仰臥位になる①

ベッドや布団の上で横になるとき，頭と足の位置がわからなくなる場合は，枕が置いてある場所をいっしょに確認し，「枕のほうを頭にしてください」と口頭で伝えるとよいでしょう．

旅行やショートステイでの宿泊など，普段と眠る環境が違うときは，とくに寝室の温度や明るさ，音，寝具が適切かどうかを本人に確認し，心地よい就寝環境を整えましょう．

そのほかにも，枕の上に頭を乗せることがむずかしい場合は，枕の位置を移動させてみましょう．

57. 仰臥位になる②

重度

眠るときに身体を横たえることが
むずかしい

就寝しようとしてベッドや布団のそ
ばに来たものの，横になるという動
作がわからないことがあります．そ
のようなときは，さきに介護者が寝
てみせ，本人が真似るのを待つのも
よいでしょう．

認知症の人がなかなか眠らないとき
に，強引に寝かしつけようとすると
かえって興奮してしまい，ますます
眠れなくなることがあります．

本人が眠くなってから就寝すること
が心地よく眠るための原則です．日
中の活動の程度や本人が不安に思っ
ていることなど，不眠の原因になる
ことがないか考えてみましょう．

よい睡眠をとるためには

　私たちは，日光を浴びてからおよそ 14〜16 時間後に
眠気をつくり出すメラトニンというホルモンが分泌されはじ
め，その 2〜3 時間後に眠気を感じるようになります．

　そのため，午前中に散歩をしたり洗濯物を干したりして
陽射しを浴びることは，よい睡眠につながります．深い睡
眠中は照明や騒音のほか，トイレ誘導などで不用意に起
こさないようにすることも大切です．睡眠中の環境に十分
配慮しましょう．

58. 仰臥位になる③

安全な姿勢で眠ることがむずかしい

認知症の人は空間を把握することが苦手になり，ベッドや布団の下のほうに小さくなって眠る，ベッドの上のほうに斜めになって眠ることがあるかもしれません．

寝返りをうったときにベッドや布団から落ちてしまうことが予測されるときは，枕の位置を手でふれて確認してもらい，枕の上に頭を載せるように言葉やジェスチャーで伝えるとよいでしょう．

一度に複数の動作を伝えると混乱することがあるので，動作は1つひとつ伝えるようにしましょう．

59. 髭剃り①

軽度

自ら髭を剃って身だしなみを整えることがむずかしい

鏡をみなくなったり，身なりを整えたりすることに意識が向かなくなり，自分で髭剃りをしなくなることがあります．

そのようなときは，介護者から「髭が伸びているので，これから髭を剃りましょう」と声をかけるとよいでしょう．

髭を剃ったり，髪の毛を整えたりするなど身だしなみを整えることは，外出したいという意欲につながるかもしれません．

髭を剃ってさっぱりしたことを介護者といっしょに実感できることも外出する意欲につながります．それまでの生活習慣を継続できるとよいですね．

60. 髭剃り②

中等度

電気シェーバーのスイッチの位置
がわからない

髭を剃ろうとして電気シェーバーを
持っても，スイッチの位置や操作の
仕方がわからず，とまどってしまう
かもしれません．

電気シェーバーのスイッチがわかり
やすくなるよう，目印のテープを貼
るなどするとよいでしょう．

電気シェーバー以外でも，たとえば
電子レンジやテレビのリモコンな
ど，よく使うもののスイッチ部分に
目印をつけると，自分で道具を操作
できるかもしれません．

61. 髭剃り③

中等度

左右両方の髭を剃ることがむずかしい

認知症の症状により，注意力が低下したり（注意障害といいます），視力には問題がないのに左右のどちらかが認識できなかったりすることがあります（半側空間無視といいます）.

そのため，片側の髭だけを剃るときは「こちらにも髭が残っていますよ」ともう一方の髭にも注意が向けられるように声をかけてみましょう.

声をかけられることで，もう片方の髭が残っていることに気づき，剃り残している髭を剃れるかもしれません.

髭剃りは個人的な習慣や好みがあるため，本人に確認しながらサポートしましょう.

62. 髭剃り④

重度

髭剃りをやめることがむずかしい

髭剃りをするときに，すべて剃れた
あともいつまでも髭を剃り続けてい
ることがあります．自分の手で頬や
顎をさわり，髭が剃れたことを確認
するように声をかけてみましょう．

自分で髭をすべて剃ることによって
達成感や満足感を味わってもらうこ
とも，本人の自信につながるため大
切です．

63. 薬の服用①

複数の薬が処方されているときは、1種類ずつ、または数種類の薬が同じ袋に入っていると、適切なタイミングで1回分の薬を取り出すことがむずかしくなります。

飲み間違いや飲み忘れに気づいたときは、かかりつけ医に相談してみましょう。薬の種類や量、服薬回数を少なくすることができるかもしれません。

また、1包化（1回分の薬を1袋にまとめる）することで、処方どおりに服用しやすくなるかもしれません。

小袋や小さく区切ったボックスに1回分の薬を分けて入れておくのもよいでしょう。

64. 薬の服用②

決まった時間に処方どおりに服用
することがむずかしい

薬を決まった時間に飲むことは，だ
れにとってもむずかしいことです．

服用する時間に家族が電話などで伝
えると，処方どおりに内服できる可
能性があります．

この他，タイマーをかけたり，服薬
支援ロボットを使ったりするのも有
効かもしれません．

薬を飲む回数が多いときは，なるべ
く少ない回数にしてもらうよう，ま
たホームヘルパーやデイサービス利
用時に服用できるよう，主治医に相
談してみましょう．

可能であれば，薬を飲み込んだこと
を確認しましょう．

65. 薬の服用③

軽度

薬を 1 日複数回，適切な時間に
服用することがむずかしい

飲み間違いや飲み忘れを防ぐため
に，薬の袋に日づけを大きく書くな
どすると，服用したかどうかを確認
しやすいでしょう．

日付や時間の書き方（たとえば，「朝」
と漢字で記入するか「あさ」と平仮
名で記入するか）は，本人のわかり
やすい表示を選びましょう．

66. 薬の服用④

薬の手渡し方が統一されていない
と混乱する

介護者によって薬の手渡し方が違う
と，本人は混乱してしまうかもしれ
ません．本人が安心して薬を飲める
よう，薬の手渡し方は，1回分ずつ，
1日分ずつなど本人にとってわかり
やすい方法になるよう介護者間で統
一しましょう．

薬の手渡し方に限らず，ケアの方法
や声かけの内容が違うと，本人の混
乱を招くことがあります．かかわる
介護者は，統一した手順や言葉で対
応するようにしましょう．

お薬カレンダーに何回分，何日分入
れておくのかは，本人の認知機能の
状態に応じて工夫しましょう．

67. 薬の服用⑤

決まった時間に処方どおりに服用
することがむずかしい

お薬カレンダーを使っても1人で
薬を管理するのがむずかしくなった
ら，内服する時間にだれかが手渡し
で薬を渡すとよいかもしれません.

家族だけで支援することがむずかし
いときは，訪問介護や定期巡回・随
時対応型訪問介護看護＊などを利用
して薬を飲むことを勧めてもらうと
よいでしょう.

また，薬がうまく口に入らず落ちて
しまったり，口の中に残ってしまっ
たりすることもあります. 本人が薬
を飲み込むまで見届けることもお願
いしましょう.

＊定期巡回・随時対応型訪問介護看護は介護
　保険制度の1つ. 中重度者（要介護者のみ）
　の在宅生活を支えるため，日中，夜間を通
　じて，1日複数回の定期訪問と随時対応を
　介護と看護が一体的に，または連携しなが
　ら提供するサービスです.

68. 料理①

軽度

調味料のさじ加減がむずかしい

料理をつくるには，食材を選ぶ，食材に応じて洗う・適切な大きさに切るなどの準備をする，焼く・煮る・蒸すなど適切な方法で調理する，味つけをする，などさまざまなステップ（段階）が必要になります．

認知症の人は，実行機能障害によって手順がいくつも必要な作業をすることがむずかしくなります．

そのようなときは，いっしょに料理をしながら，次の手順を伝えたり調味料の分量を判断したりするとよいでしょう．本人ができることを発揮できるようなかかわりを心がけましょう．

69. 料理②

ガスレンジの取り扱いがむずかしい

料理をやめさせることは，本人の楽しみを奪うことになるかもしれません.

ガスレンジの火のつけ方がわからなかったり，火の消し忘れがあったりするときは，介護者といっしょに調理をするとよいでしょう.

介護者が外出するなど近くにいられないときは，食材を切るなど材料を準備してもらうようお願いし，「続きは私が帰ってからいっしょにつくりましょう」と伝えるのもよいでしょう.

認知症の人と接するときの心構えとは①

　認知症の人の「いま」が安定するためには，日々の暮らしの中で「できた！」や「まわりの人から認められ，大切にされた」と思える場面が積み重なっていくことが必要です．

　そうすることで，認知症の人は，自信をもって相手と向かい合うことができるようになります．また，これまで習慣になっていなかったことも，心地よさや楽しさを体験できると習慣になることもありますので，どのようなことが楽しめるか想像しながらケアができるとよいですね．

70. 料理③

軽度

調理の手順や方法がわからず，調理を開始できない

調理をしようとキッチンに立っても，調理の手順や方法がわからず，自分から調理を開始できないことがあります．

そのようなときは，介護者がそばでいっしょに調理をし，1つひとつの手順を伝えるとよいでしょう．

たとえば，まずは大根を短冊切りにすることだけを伝えます．その後，次の作業を1つだけ伝えます．

このようにすることで，本人が混乱せずに1つひとつの段階を踏むことができるでしょう．

認知症の人と接するときの心構えとは②

　日常生活の行為を支えている認知機能はなにかを考え，認知症の人にとってなにがむずかしくなっていて，介護者がどのようにサポートすればよいかを考えることは，認知症の人の行動の幅を広げることにつながります．また，できなくなったことに着目するのではなく，いまできていることに着目してケアを行うことも大切です．

　認知症の人の情緒はとても豊かです．忘れたことを責めてしまうと，お互いに嫌な感情がずっと残ってしまいます．なるべく楽しい会話を心がけるなど，いっしょに笑い合えるように工夫していきましょう．

71. 料理④

調理するときに火を消し忘れてしまう

認知症の人が調理のときに火を消し忘れることが多くなると，介護者は火事を起こさないか心配になります．

そのようなときは，ガスレンジを電磁調理器に変えるのも一案でしょう．ガスレンジとは使い方が違うため，使い方を番号で表示するとわかりやすくなります．

どうしてもガスレンジを使いたいときは，自動消火機能つきのガスレンジを検討してもよいでしょう．

72. 料理⑤

中等度

料理に合った方法で食材を切ることがむずかしい

実行機能障害により，これまでできていた料理の調理法がわからなくなることがあります。

そのようなときは，介護者がそばに立って食材を切っているところをみてもらい，真似してもらうことで本人が調理の準備をできることがあります。包丁さばきなどの技は体が覚えているので，変わらず発揮できるものです。

本人のできることに着目しながら，その時々の状態に合わせて1人ではむずかしいことを介護者がサポートできるとよいですね。

73. 洗濯①

洗濯物を干し忘れてしまう

洗濯機を回したあとにほかのことに気をとられるなどして, 洗濯物を干すのを忘れてしまうことがあるかもしれません.

洗濯物を干さないで放置すると, しわになるだけでなく雑菌が繁殖してしまいます.

干し忘れないように, 洗濯物を干したかどうか介護者が確認の電話をするなど, 洗濯物を干すことを思い出せるようにするとよいでしょう.

74. 洗濯②

中等度

汚れた服ときれいな服の区別がむ
ずかしい

汚れた服ときれいな服を同じ脱衣か
ごに入れてしまうことがあります.

どの服が汚れているかわかりにくい
ときは，脱いだものをまとめて置く
場所を決め，介護者がいっしょに仕
分けるなどして，これから洗濯する
服と洗濯ずみの服の区別がつきやす
いようにするとよいでしょう.

75. 洗濯③

重度

洗い終わった洗濯物をみて，これから干すものだと判断することがむずかしい

洗濯物を干すということは，たとえばその人が外気に当たり気持ちよさを感じたり，家庭内での役割を果たしたりすることにもつながります．

それまで洗濯物を干すことが習慣になっていた人でも，記憶障害や実行機能障害・失行のために，洗濯物をみても干し方がわからなくなることがあります．

そのようなときは，干し方の手順を伝えながらいっしょに干すとよいでしょう．

76. 買い物①

買い物に行っても必要なものを買い忘れてしまう

買い物に出かけても，なにを買いたかったのかを忘れてしまい，必要なものの買い忘れや必要のないものを買ってしまうことが増えるかもしれません.

買う必要があるものをメモしておき，買い物に持って行くようにするとよいでしょう.

また，スーパー内でどこになにがあるのかわからず，迷って不安になることがあるかもしれません. 案内表示を指さし，「ここには○○がありますよ」などと声をかけることで，スムーズに買い物ができるようになります.

77. 買い物②

冷蔵庫のなかのものを消費期限内に食べることがむずかしい

冷蔵庫のドアは閉まっているため，中に入っているものに注意が向きにくく，消費期限が切れた食べ物が残りやすいかもしれません.

そのようなときは，冷蔵庫に入っているものとその消費期限を紙に書いて冷蔵庫に貼っておくなどすると，消費しなければならないものがわかりやすくなるでしょう. また，冷蔵庫に入っているものを重複して買うことを防げるかもしれません.

もったいないという気持ちが強かったり，忘れていたことを認められなかったりするために，食材を捨てられない人もいます. 自尊心を傷つけない処分の仕方を検討しましょう.

78. 買い物③

買い物のときにすばやくお金の計算をすることがむずかしい

認知症の人は，買い物のときに財布から適切な金額をすばやく計算して取り出し，とくに小銭を使って支払うことがむずかしくなります．

買い物のたびにお札で支払っていると，小銭ばかり増えていきます．また，レジで支払いをするとき，後ろの人を待たせることを申し訳なく思ってしまい，買い物に行くことをためらうかもしれません．

スーパーが空いている時間帯に買い物に行くと，本人のペースで計算しながら支払いができるでしょう．支払いに必要なお札や小銭の種類と数を介護者が言葉で伝えるのも効果的かもしれません．

79. 買い物④

買ったものを食べ忘れてしまい，消費期限切れの食品がたまってしまう

買ったものをどこかに仕舞っていることを忘れてしまい，消費期限切れの食品がたくさんある，ということがあるかもしれません．

冷蔵庫の中身は外からみえないので，忘れてしまいがちです．視線の高さを考慮して，冷蔵庫のドアなど目につきやすい場所に，買ってきたものの消費期限を書いて貼っておくと，思い出すきっかけになります．

80. 買い物⑤

同じものを必要以上に買ってしまう

買ったものを忘れ，同じものを買うことがあるかもしれません．

本人がよく行く地域の商店やスーパーの人に，本人が買いすぎないように量をみてもらったり，旬のものを勧めてもらったりするとよいでしょう．近所の人に認知症を知ってもらい，見守りや協力を求めることも重要です．

買い物に行き，本人のペースで魅力的なものをみたり，たくさんの商品から欲しいものを選んだりすることは，気分転換や喜びにつながります．選ぶことがだんだんむずかしくなっていると感じたら，認知症の人の好みを考えて，介護者が勧めるとよいでしょう．

81. 化粧①

化粧品や乳液などを適量出すことがむずかしい

化粧品や乳液のキャップを開けたり，ボトルから適量を判断して出したりすることがむずかしくなることがあります．そのようなときは，ポンプ式の容器に変えるのも1つの方法です．

多くの女性にとって，化粧は大事な身だしなみのひとつです．また，化粧をすることで明るく楽しい気分になり，人と会うときの自信にもつながります．

楽しんで化粧ができるよう，本人が扱いやすい容器はどのようなものかを考えて工夫してみましょう．

82. 化粧②

ブラシやくしの場所がわからない

朝起きたら顔を洗い髪の毛を整える，食後に歯磨きをするといった行為は，生活リズムを整えることにつながります．

見当識障害によって時間がわかりにくくなるため，毎日の生活リズムはとても大切です．

ブラシやくし，歯ブラシなどの日用品は，いつも決まった場所に置くようにして，生活行為が滞らないようにしましょう．また，文字で記しておくと探しやすくなります．

83. 化粧③

自ら整髪することがむずかしい

整髪する必要性を感じなかったり，どのように整髪すればよいのかわからなかったりすることがあります．

そのようなときは，「髪の毛をとかしましょう」などと自ら行動したくなるような声かけをしたり，最初だけ介護者が手伝うのもよいでしょう．そして，整髪できたときは「きれいになりましたね」と声をかけましょう．

自分で整髪しないときは無理強いせず，「今日はお手伝いしてもよいですか」「髪をとかしてもよいですか」などと必ずたずね，同意を得てから整えるようにしましょう．

84. 化粧④

中等度

化粧品を適切な順番で使用することがむずかしい

似た容器の化粧品を使っていると, 注意機能や言葉の理解, 視力などが低下することで容器の区別がつきにくく, 使用する順番を間違えるようになるかもしれません.

そのようなときは, 容器のふたなどに順番を記したシールを貼るとよいでしょう. 人によっては番号で示すよりも「化粧水」「乳液」などと文字で示したほうがわかることもあります.

本人に相談したり, 日ごろのようすを観察したりしながら, どのような表示が本人にとってわかりやすいのか確認してみましょう.

85. 化粧⑤

マジックでお化粧してる…！

眉毛はこのペンシルで描いてね

唇は口紅でね

重度

化粧をするときに適切な道具を選ぶことがむずかしい

化粧をしようとして，眉ずみではなく黒いマジックペンで眉毛を書いてしまうことがあるかもしれません．

そのようなときは，マジックなどの眉ずみと似たものを化粧品の近くに置かないように工夫したり，「これで描きましょう」と適切な化粧品を手渡したりするとよいでしょう．

また，化粧に集中できるよう静かな環境を整えたり，適宜使い方を伝えたりするなどして，適切に化粧ができるようにサポートしましょう．

「とてもステキですよ」などの一言を伝えるとよいでしょう．

86. 化粧⑥

化粧品の開け方・閉め方がわからない

化粧品の容器が簡便なものであったとしても，ボトルやケースの開け方や閉め方，扱い方がわからないことがあるかもしれません.

そのようなときは，介護者がわかりやすい言葉やジェスチャーで開け方や閉め方，扱い方を伝えるとよいでしょう.

また，容器を開けることができても，1回分の適量の判断がむずかしいと，化粧品を過剰に塗ってしまうことがあります.

そのようなときは，そばで「これくらいの量がちょうどよいですよ」と伝えたり，鏡をみて確認してもらったりするとよいでしょう.

87. 自分の意思の表現①

中等度

自分の意思をスムーズに言葉で表現することがむずかしい

自分が表現したいことを伝えるための言葉がスムーズに出にくくなると，話し始めるまでに時間がかかったり，「あれ」「それ」などの指示語が多くなったりするかもしれません．しかし，記憶障害や見当識障害のために忘れていることがあっても，人間関係を大切にして一生懸命に会話を続けようとします．

注意がほかのことに向かずに会話に集中できるよう，静かな環境を整えるようにしましょう．そして，同じ目線で焦らせることなくゆっくり話を聞き，本人の気持ちを確認していきましょう．それが認知症の人の気持ちを理解するいちばんの近道です．

一人で充実した時間をすごすためには

　介護者が認知症の人の好み，楽しみ，価値観などを知っていること，知ろうとすることは大切です．日ごろから認知症の人の興味・関心や認知機能の状態に応じて，一人でも楽しめるような本や写真，テレビ番組などを用意するとよいでしょう．

　ただし，認知症の人の好みや楽しみ，嗜好品，認知機能などは変わっていきますので，以前楽しめていたことを，いまでも楽しめているかは認知症の人の言葉や表情，しぐさなどから確かめることが大切です．

88. 自分の意思の表現②

選択肢が提示されない質問に答えることがむずかしい

忙しい毎日の中で，質問されたことに対して，すばやく的を射る答えをすることは，案外むずかしいことです．「はい」「いいえ」で答えられる質問にしたり，あらかじめ選択肢を提示するなどして，答えやすい質問の仕方を工夫しましょう．

また，質問するときは，本人が使い慣れている簡潔でわかりやすい言葉でたずねると答えやすいでしょう．

たずねるだけでなく，質問したいことや選択肢をメモ用紙に簡潔に書いてみてもらうと，さらに伝わりやすくなります．

むずかしい質問ばかりされると，だれでも話す気が失せてしまうと思います．お互いに心地よいコミュニケーションがとれるとよいですね．

89. 自分の意思の表現③

重度

自分の気持ちを言葉にすることが
むずかしい

認知症が進行してくると，自分の気持ちを言葉にして人に伝えることがむずかしくなります．介護者は，本人の表情やしぐさ・態度，それまでの生活や人生などをもとに気持ちを察し，理解したいと思うことで，本人の言葉や表情を引き出すコミュニケーションができるでしょう．

ぜひ表情やしぐさ，態度による（コミュニケーションである）ノンバーバルコミュニケーションを大切にしてみてください．

このことは，本人の気持ちを理解し，本人の立場に立って代弁することにつながっていきます．

生活行為の解説

本書籍で紹介する生活行為*は，以下のとおりとなります.

🎈 目的の場所に行く

視覚機能によって得た情報から自分のいる場所の見当がつく．目的の場所の方向（壁に貼ってある案内の矢印やテープ，場所を認識できる言葉の表示などを含む）がわかり，距離の目安をつけて，適切な移動手段（歩く，車椅子等）を選んで目的の場所に行くこと.

🎈 排便

便意を感じ，便が出そうだとわかる．トイレに行き，衣類を十分に下げ，便器に座って腹圧をかけて排便する．排便後は適量のトイレットペーパーで拭いてそれを流す等の後始末を行い，衣類を整えること.

🎈 排尿

尿が下腹部にたまったことを感じ，尿意がわかる．トイレに行き，衣類を下げ，便器と適切な距離や位置を保ちながら便器に向かう．便器内に排尿し，適量のトイレットペーパーで拭いてから流すなどの後始末を行い，衣類を整えること.

🎈 手洗い

洗面所に行き，身体と洗面台の位置関係がわかり，適切な場所に立つ．水温や水圧などを調節する水道栓の操作の仕方がわかり，水を出す．石鹸（固形・液体・泡）があることを理解する．石鹸を手につけ，泡立てて手全体を洗う．その後，蛇口の下に手を出して全体を洗い流し，水を止めてタオル等で手を拭くこと.

🎈 歯磨き

洗面所に行き，身体と洗面台の位置関係がわかり，適切な位置に立つ．歯ブラシがわかり，それを取り出す．歯磨き粉であることと，チューブの蓋の外し方がわかる．蓋を外したあと，適量を歯ブラシにつけ，歯を磨く．磨き残しがないかも判断できる．ゆすぐことがわかり，水を用意して口をゆすぎ，歯ブラシを洗って元の場所に片づけること.

食事

お腹が空いて食べたいと思う. 食事の場に行き, 座る. 視覚や嗅覚, 聴覚, 触覚機能で食物を認識し, その性状（温度, 液状か固形か等）がわかる. 箸やスプーンなどの道具がわかり, 食べ物に応じて道具を選べる. それを使って食べ物を切り分けつかむ. 口まで運び, 飲み込める大きさまで噛み, すべて飲み込むこと. 食べるスピードも調整する.

飲み物を飲む

視覚や嗅覚, 聴覚機能で飲み物だとわかる. 飲み物が入っている器を手に取り, 口元に運んで適温・適量を判断して口に含み, 飲み込むこと. 香り・味の判断も行う. 飲み込むスピードも調整する.

着衣

衣類が置かれた場所に行き, 身に着ける衣類を時間や場所, 気候に応じて判断し, タンスなどから取り出す. 適切な順番, 衣服の前後・表裏などを判断し, 着衣動作（かぶる, 履く, ボタンやファスナー等をする）を行うこと. 着衣後は, ボタンがとまっているか, 襟が整っているかなどを鏡を利用して確認する. 着心地の快・不快を感じたり, 身に着けた衣服が自分のイメージに合っているか判断したりできること.

履物（はきもの）を履く

外出するときは靴に履き替える必要性がわかる. 履物であることがわかり, 距離感や奥行きなどを判断する. 靴の中に適切な向き（左右, 上下）で足を入れ, 履物に固定すること.

脱衣

上に着ている衣類から, ボタンなどを外し, 袖から腕を抜く, ズボンなどから脚を抜くなど順に脱ぐこと. また, 脱いだ服を適切な場所にまとめること.

入浴

入浴する時間や場所, 体の汚れなどを判断して浴室に移動する. 入浴だとわかり服を脱ぐ. シャワーや洗面器を使って予備洗いをする. 浴槽であることがわかり, 入ることを認識する. 浴槽内のお湯が適温であることを確認し, またいで入る. 浴槽につかる姿勢を保ち, つかっ

たあとに浴槽から出る．洗い場で洗体・洗髪の用意をし（タオル，石鹸，シャンプーなど），それを用いて洗う．シャワーや洗面器を用いて洗い流す．タオルで体や髪の水分を万遍なく拭き取ること．

🎈 移乗
いまの位置から移る必要があるとわかる．ベッドと車椅子，車椅子と便器の間などを，距離や位置・方向を判断し，持つ（つかまる）ところや足の位置を判断・確認してから移る．身体の各部（お尻・脚・手）を適切な位置に置いて乗り移る動作のこと．

🎈 仰臥位になる（眠るときに上を向いて横たわる）
ベッドや布団が寝具だとわかる．寝返りをうったときにベッドや布団から落ちない位置に頭や体，腕や足を置いて上を向いて横になること．

🎈 髭剃り
髭が伸びている，または身だしなみを整えるために髭剃りが必要だとわかる．髭を剃ることを認識してカミソリなどを棚などの置き場から出す．カミソリや電動シェーバーを正しく持ち，刃を頬や顎にあてて髭を剃ること．電動シェーバーの場合はスイッチの入れ方がわかる．また，万遍なく剃れたかどうかを頬や顎をさわったり鏡をみたりして確認する．終わったらカミソリなどを置き場に戻す．

🎈 薬の服用
薬だと認識し，適切な時間に，適切な種類・量の薬を適切な方法で内服・使用できること．また，きちんと服用できたかを確認すること．薬の効果で体調が保たれているかどうかがわかること．
　＊適切な方法とは，自分で袋や包装シートから薬を取り出して準備をするほか，お薬カレンダーや，小袋・小さく区切った入れ物に1回分の薬をわけたり，介護者によって薬を手渡されたりすること．

🎈 料理
出来上がりをイメージして，食材を認識したり選んだりする．適切な順序で火加減・水加減・調味料のさじ加減を判断しながら調理すること．また，調理の際には，シンクと自分の身体の位置関係がわかり，

適切な場所に立つ．包丁やまな板などの道具，ガスレンジ，電子レンジ等の調理機材の使い方がわかり，的確に使用すること．

🎤 洗濯

汚れた服ときれいな服を区別する．洗濯機に適量の洗剤を入れ，蓋を閉める，ボタンを押すなど適切な手順で扱い，洗濯すること．また，洗濯後に適切な場所に干し，乾いたことを確認して取り込むこと．

🎤 買い物

スーパーなどに行き，買いたいものが陳列されている場所の見当をつけ見つけられる．必要な種類や量を判断して買い物かごに入れ，レジに進む手順がわかる．必要なお金を計算して用意し支払う．おつりが正しいか判断できる．買ったものを袋などに入れて持ち帰ること．

🎤 化粧

鏡の前など適切な位置に移動し立つ（座る）．クシやブラシがわかり，それを用いて髪の毛を整え，鏡で確認する．また，化粧品であることがわかり，適量の化粧品を適切な順番で手などに取り，化粧を施す．鏡で化粧の出来栄えを確認し，化粧品を元の位置に戻すこと．

🎤 自分の意思の表現

自分の思っていることを言語的コミュニケーション（ことば）や非言語的コミュニケーション（表情，しぐさ，態度）で表現すること．

＊諏訪さゆり，朝田　隆，ほか：認知症の生活障害の実態と効果的なケア．厚生労働科学研究費補助金（認知症対策総合研究事業）都市部における認知症有病率と認知症の生活機能障害への対応，31-71（2013）を参考に作成．

著者一覧（五十音順）

佐藤美穂子 *	公益財団法人日本訪問看護財団
諏訪さゆり *	千葉大学大学院看護学研究科
山辺　智子	公益財団法人日本訪問看護財団
湯本　晶代	千葉大学大学院看護学研究科

＊　編者

イラストで学ぶ
認知症の人の生活支援

2020年3月30日　第1版

定　価　（本体 1,500 円＋税）
監　修　公益財団法人 日本訪問看護財団
発行所　株式会社 ワールドプランニング
　　　　〒 162-0825 東京都新宿区神楽坂 4-1-1
　　　　Tel：03-5206-7431
　　　　Fax：03-5206-7757
　　　　E-mail：world @ med. email. ne. jp
　　　　http://www.worldpl.com
　　　　振替口座　00150-7-535934
イラスト　吉田ユウスケ
印　刷　三報社印刷株式会社